Wir rechnen mit Zehnern

1	10 + 10 =	0	9
2	30 + 30 =	10	2
3	40 + 40 =	20	5
4	20 + 20 =	30	1
5	50 + 50 =	40	12
6	0 + 10 =	50	11
7	60 + 10 =	60	7
8	20 + 10 =	70	6
9	40 + 50 =	80	4
10	20 + 30 =	90	3
11	0 + 0 =	100	10
12	200 + 0 =	200	8

1	20 + 40 =	0	2
2	30 + 50 =	10	1
3	10 + 80 =	20	4
4	10 + 20 =	30	7
5	200 + 0 =	40	11
6	30 + 10 =	50	6
7	10 + 0 =	60	8
8	30 + 20 =	70	10
9	40 + 30 =	80	12
10	0 + 0 =	90	9
11	10 + 10 =	100	5
12	30 + 70 =	200	3

1	60 − 10 =	0	9
2	90 − 10 =	10	1
3	40 − 10 =	20	10
4	80 − 10 =	30	2
5	100 − 10 =	40	6
6	50 − 10 =	50	3
7	30 − 10 =	60	11
8	70 − 10 =	70	4
9	20 − 10 =	80	5
10	10 − 10 =	90	8
11	100 − 0 =	100	7
12	200 − 0 =	200	12

1	60 − 40 =	0	5
2	80 − 50 =	10	3
3	90 − 30 =	20	11
4	100 − 50 =	30	9
5	90 − 20 =	40	6
6	100 − 20 =	50	12
7	70 − 30 =	60	8
8	50 − 40 =	70	2
9	100 − 10 =	80	10
10	60 − 60 =	90	7
11	100 − 0 =	100	1
12	200 − 0 =	200	4

Achtung! Kettenaufgaben!

1	30 + 60 − 50 + 10 + 20 =	0	12
2	80 − 30 + 40 − 20 − 20 =	10	3
3	40 + 50 − 10 + 20 − 60 =	20	5
4	70 − 30 + 20 − 30 − 20 =	30	10
5	10 + 60 − 40 + 70 − 80 =	40	11
6	90 − 70 + 10 − 30 + 90 =	50	8
7	30 + 40 + 20 − 50 + 20 =	60	9
8	60 − 30 + 50 − 20 + 40 =	70	4
9	20 + 50 − 10 + 30 − 10 =	80	6
10	50 − 40 + 70 − 60 + 10 =	90	1
11	10 + 60 − 30 + 20 − 60 =	100	2
12	80 − 50 + 60 + 10 + 100 =	200	7

1	100 − 70 + 20 − 40 + 60 =	0	12
2	30 + 50 − 40 + 20 − 10 =	10	1
3	60 + 40 − 80 + 50 − 30 =	20	11
4	80 − 50 + 60 − 70 − 10 =	30	8
5	70 − 40 + 50 − 20 − 40 =	40	5
6	20 + 70 − 30 + 20 + 10 =	50	4
7	90 − 40 + 20 − 60 + 50 =	60	7
8	40 + 60 − 70 + 30 + 40 =	70	2
9	50 − 30 + 40 − 20 + 40 =	80	6
10	10 + 60 + 30 − 40 − 30 =	90	3
11	90 − 50 + 60 − 30 − 70 =	100	10
12	20 + 40 − 10 + 50 + 100 =	200	9

Hier fehlen viele Zahlen

1	10 + □ = 50	0	8
2	30 + □ = 100	10	5
3	60 + □ = 90	20	9
4	20 + □ = 80	30	3
5	40 + □ = 60	40	2
6	60 + □ = 70	50	1
7	50 + □ = 100	60	7
8	20 + □ = 100	70	12
9	10 + □ = 100	80	6
10	60 + □ = 60	90	4
11	0 + □ = 100	100	10
12	0 + □ = 200	200	11

1	100 − □ = 30	0	3
2	40 − □ = 20	10	2
3	80 − □ = 30	20	7
4	100 − □ = 20	30	4
5	70 − □ = 10	40	5
6	60 − □ = 50	50	12
7	90 − □ = 60	60	6
8	100 − □ = 10	70	9
9	80 − □ = 40	80	10
10	30 − □ = 30	90	1
11	100 − □ = 0	100	11
12	200 − □ = 0	200	8

1	10 + 30 + 20 + □ = 100	0	9
2	20 + 60 − 10 − □ = 50	10	10
3	10 + 50 + 40 − □ = 40	20	11
4	40 + 60 − 70 + □ = 60	30	4
5	100 − 30 + 20 − □ = 10	40	3
6	80 − 20 − 50 + □ = 100	50	5
7	30 + 40 − 20 + □ = 60	60	8
8	20 + 50 + 20 − □ = 40	70	7
9	90 − 80 + 20 + □ = 100	80	2
10	50 + 30 − 80 + □ = 0	90	12
11	30 + 60 − 90 + □ = 100	100	1
12	90 − 30 − 60 + □ = 200	200	6

Das ist nicht schwer!

1	10 + 5 =	12	8
2	20 + 5 =	15	5
3	20 + 7 =	18	1
4	20 + 9 =	21	7
5	10 + 2 =	22	9
6	20 + 2 =	23	3
7	20 + 4 =	24	12
8	20 + 6 =	25	10
9	10 + 8 =	26	4
10	20 + 8 =	27	2
11	20 + 1 =	28	11
12	20 + 3 =	29	6

1	30 + 6 =	29	6
2	50 + 4 =	34	2
3	20 + 9 =	36	1
4	60 + 7 =	43	7
5	90 + 9 =	51	4
6	50 + 7 =	54	9
7	30 + 4 =	57	10
8	70 + 5 =	67	8
9	90 + 7 =	75	3
10	40 + 3 =	86	5
11	80 + 6 =	97	11
12	50 + 1 =	99	12

1	50 + 5 =	32	1
2	30 + 6 =	34	3
3	40 + 2 =	36	8
4	50 + 7 =	38	5
5	50 + 1 =	41	2
6	30 + 2 =	42	4
7	30 + 8 =	44	7
8	40 + 1 =	45	9
9	30 + 4 =	51	10
10	50 + 3 =	53	12
11	40 + 5 =	55	6
12	40 + 4 =	57	11

1	90 + 5 =	73	8
2	70 + 5 =	75	4
3	80 + 5 =	76	1
4	70 + 3 =	78	11
5	90 + 8 =	83	9
6	80 + 6 =	85	12
7	80 + 8 =	86	3
8	90 + 6 =	88	2
9	70 + 8 =	93	5
10	70 + 6 =	95	7
11	90 + 3 =	96	10
12	80 + 3 =	98	6

Wir nehmen Einer weg

1	30 − 5 =	21	10
2	30 − 2 =	22	9
3	30 − 8 =	23	5
4	30 − 3 =	24	11
5	40 − 5 =	25	2
6	30 − 7 =	26	8
7	40 − 7 =	27	1
8	40 − 3 =	28	6
9	30 − 9 =	29	4
10	30 − 4 =	33	7
11	30 − 1 =	35	3
12	30 − 6 =	37	12

1	60 − 4 =	41	4
2	60 − 6 =	42	11
3	50 − 7 =	43	6
4	50 − 9 =	44	7
5	70 − 8 =	54	1
6	70 − 5 =	55	2
7	70 − 7 =	56	3
8	50 − 6 =	57	5
9	50 − 8 =	62	12
10	70 − 6 =	63	10
11	60 − 3 =	64	9
12	60 − 5 =	65	8

1	80 − 4 =	71	2
2	90 − 7 =	72	4
3	100 − 7 =	74	11
4	90 − 9 =	76	9
5	90 − 6 =	77	5
6	80 − 6 =	81	10
7	80 − 8 =	82	3
8	100 − 8 =	83	6
9	90 − 5 =	84	7
10	90 − 8 =	85	8
11	80 − 9 =	92	12
12	80 − 3 =	93	1

1	60 − 3 =	32	6
2	40 − 2 =	34	3
3	80 − 5 =	36	10
4	80 − 8 =	38	4
5	60 − 7 =	51	11
6	40 − 6 =	53	8
7	40 − 8 =	55	1
8	40 − 4 =	57	5
9	80 − 6 =	71	9
10	60 − 9 =	72	12
11	60 − 5 =	74	7
12	80 − 9 =	75	2

Übung macht den Meister!

1	12 + 2 =	9	2
2	13 + 5 =	10	7
3	11 + 6 =	11	11
4	14 + 6 =	12	8
5	12 + 3 =	13	10
6	4 + 5 =	14	5
7	16 + 3 =	15	3
8	3 + 7 =	16	4
9	11 + 2 =	17	9
10	11 + 0 =	18	1
11	12 + 4 =	19	12
12	11 + 1 =	20	6

1	21 + 6 =	18	2
2	23 + 2 =	19	4
3	21 + 1 =	20	11
4	25 + 4 =	22	10
5	15 + 4 =	23	7
6	13 + 5 =	24	3
7	23 + 3 =	25	1
8	21 + 2 =	26	12
9	24 + 6 =	27	5
10	14 + 6 =	28	8
11	21 + 3 =	29	6
12	25 + 3 =	30	9

1	32 + 5 =	32	11
2	31 + 8 =	33	9
3	41 + 4 =	34	4
4	34 + 4 =	35	5
5	32 + 2 =	36	12
6	31 + 1 =	37	8
7	41 + 2 =	38	1
8	33 + 3 =	39	6
9	32 + 1 =	40	2
10	36 + 4 =	43	7
11	41 + 3 =	44	3
12	32 + 3 =	45	10

1	52 + 4 =	52	12
2	53 + 5 =	53	11
3	61 + 3 =	54	2
4	54 + 3 =	55	8
5	51 + 1 =	56	4
6	53 + 2 =	57	3
7	64 + 2 =	58	1
8	61 + 4 =	59	5
9	51 + 2 =	60	10
10	56 + 4 =	64	6
11	55 + 4 =	65	7
12	52 + 2 =	66	9

In welcher Zeit schaffst du es?

1	63 + 2 =	57	7
2	64 + 3 =	58	8
3	73 + 3 =	59	11
4	71 + 2 =	60	12
5	53 + 4 =	64	5
6	56 + 3 =	65	4
7	73 + 2 =	66	2
8	54 + 6 =	67	6
9	53 + 5 =	73	3
10	73 + 1 =	74	10
11	62 + 4 =	75	9
12	61 + 3 =	76	1

1	44 + 4 =	35	3
2	52 + 2 =	37	10
3	53 + 4 =	46	8
4	41 + 8 =	47	4
5	32 + 3 =	48	7
6	62 + 5 =	49	2
7	43 + 3 =	54	5
8	51 + 4 =	55	11
9	32 + 5 =	56	6
10	61 + 5 =	57	9
11	43 + 4 =	66	1
12	52 + 4 =	67	12

1	73 + 6 =	77	4
2	81 + 6 =	78	7
3	93 + 5 =	79	9
4	82 + 7 =	80	6
5	92 + 3 =	86	3
6	84 + 4 =	87	2
7	73 + 4 =	88	1
8	94 + 3 =	89	10
9	71 + 9 =	95	11
10	82 + 4 =	96	12
11	91 + 5 =	97	8
12	72 + 6 =	98	5

1	33 + 7 =	30	4
2	62 + 5 =	33	8
3	46 + 4 =	34	1
4	63 + 3 =	35	10
5	42 + 7 =	40	2
6	21 + 9 =	42	12
7	31 + 3 =	49	11
8	62 + 6 =	50	5
9	41 + 1 =	60	6
10	31 + 2 =	66	7
11	53 + 7 =	67	3
12	32 + 3 =	68	9

Kettenaufgaben

1	42 + 2 + 2 + 2 + 2 + 2 + 2 =	49	1
2	42 + 3 + 3 + 2 + 3 + 3 + 3 =	50	11
3	42 + 4 + 4 + 4 + 4 + 2 + 4 =	52	10
4	42 + 2 + 3 + 3 + 2 + 3 + 3 =	54	7
5	42 + 2 + 4 + 2 + 4 + 2 + 4 =	55	9
6	42 + 1 + 2 + 3 + 2 + 4 + 3 =	56	2
7	42 + 4 + 3 + 1 + 2 + 3 + 1 =	57	4
8	41 + 4 + 4 + 1 + 2 + 2 + 1 =	58	8
9	33 + 2 + 1 + 4 + 4 + 4 + 2 =	59	3
10	35 + 3 + 2 + 3 + 3 + 1 + 2 =	60	6
11	44 + 4 + 2 + 4 + 4 + 2 + 2 =	62	5
12	34 + 4 + 2 + 3 + 4 + 3 + 2 =	64	12

1	53 + 5 + 2 + 6 + 4 + 5 + 3 =	63	3
2	45 + 2 + 3 + 4 + 5 + 1 + 5 =	64	4
3	46 + 4 + 3 + 3 + 2 + 2 + 3 =	65	7
4	48 + 2 + 6 + 4 + 5 + 4 + 1 =	66	9
5	47 + 3 + 3 + 3 + 4 + 3 + 3 =	67	6
6	54 + 5 + 1 + 6 + 4 + 5 + 4 =	69	8
7	49 + 1 + 3 + 4 + 3 + 4 + 3 =	70	12
8	52 + 7 + 1 + 6 + 4 + 5 + 5 =	73	10
9	44 + 4 + 2 + 3 + 5 + 2 + 4 =	76	11
10	55 + 5 + 6 + 4 + 2 + 2 + 2 =	78	5
11	48 + 2 + 3 + 7 + 4 + 6 + 3 =	79	2
12	51 + 4 + 4 + 1 + 2 + 3 + 4 =	80	1

Kettenaufgaben

1	45 + 3 + 2 + 6 + 2 + 2 + 5 =	35	5
2	12 + 4 + 4 + 4 + 6 + 3 + 4 =	37	12
3	53 + 5 + 2 + 6 + 4 + 4 + 5 =	49	1
4	31 + 2 + 7 + 3 + 6 + 1 + 6 =	56	4
5	25 + 5 + 6 + 4 + 2 + 3 + 4 =	60	11
6	41 + 6 + 3 + 3 + 3 + 3 + 1 =	65	3
7	63 + 5 + 2 + 7 + 3 + 2 + 6 =	70	2
8	84 + 4 + 2 + 1 + 4 + 2 + 1 =	76	9
9	73 + 1 + 6 + 6 + 4 + 3 + 4 =	79	7
10	52 + 3 + 1 + 4 + 6 + 4 + 6 =	88	10
11	43 + 6 + 1 + 7 + 3 + 7 + 3 =	97	8
12	14 + 6 + 3 + 6 + 1 + 1 + 4 =	98	6

1	18 + 2 + 5 + 5 + 3 + 4 + 2 =	36	7
2	41 + 3 + 6 + 2 + 7 + 1 + 6 =	39	11
3	82 + 3 + 1 + 2 + 2 + 3 + 4 =	40	2
4	63 + 7 + 4 + 2 + 4 + 2 + 7 =	43	5
5	13 + 4 + 3 + 6 + 4 + 7 + 3 =	47	10
6	56 + 4 + 6 + 2 + 2 + 3 + 5 =	50	12
7	33 + 5 + 2 + 5 + 1 + 2 + 2 =	64	9
8	24 + 3 + 3 + 4 + 6 + 3 + 4 =	66	4
9	72 + 8 + 4 + 2 + 4 + 4 + 5 =	78	3
10	23 + 2 + 1 + 4 + 1 + 9 + 3 =	89	6
11	17 + 3 + 3 + 1 + 6 + 2 + 4 =	97	8
12	41 + 2 + 7 + 2 + 8 + 1 + 3 =	99	1

Wie viel bleibt übrig?

1	18 − 3 =	10	1
2	17 − 4 =	11	8
3	19 − 2 =	12	5
4	16 − 5 =	13	11
5	19 − 0 =	14	2
6	23 − 3 =	15	7
7	19 − 5 =	16	6
8	16 − 4 =	17	3
9	25 − 4 =	18	10
10	18 − 8 =	19	9
11	19 − 1 =	20	12
12	19 − 3 =	21	4

1	29 − 3 =	22	3
2	29 − 0 =	23	8
3	28 − 4 =	24	12
4	36 − 5 =	25	11
5	39 − 6 =	26	10
6	29 − 2 =	27	2
7	27 − 5 =	28	4
8	35 − 3 =	29	7
9	38 − 8 =	30	5
10	29 − 1 =	31	9
11	28 − 3 =	32	1
12	27 − 4 =	33	6

1	46 − 5 =	34	4
2	39 − 1 =	35	10
3	48 − 4 =	36	8
4	39 − 4 =	37	6
5	46 − 6 =	38	12
6	48 − 3 =	39	3
7	39 − 5 =	40	1
8	38 − 1 =	41	9
9	47 − 4 =	42	11
10	39 − 0 =	43	2
11	38 − 2 =	44	7
12	48 − 6 =	45	5

1	58 − 7 =	46	2
2	59 − 2 =	47	8
3	59 − 5 =	48	11
4	56 − 4 =	49	12
5	59 − 3 =	50	9
6	58 − 3 =	51	6
7	49 − 1 =	52	5
8	54 − 4 =	53	10
9	48 − 2 =	54	1
10	49 − 0 =	55	4
11	49 − 2 =	56	7
12	58 − 5 =	57	3

Wer rechnet am schnellsten?

1	29 − 4 =	12	3
2	39 − 7 =	13	7
3	18 − 6 =	14	6
4	38 − 4 =	15	2
5	26 − 3 =	23	9
6	18 − 5 =	24	1
7	37 − 4 =	25	12
8	19 − 4 =	26	4
9	28 − 2 =	31	10
10	16 − 2 =	32	8
11	39 − 8 =	33	5
12	27 − 3 =	34	11

1	48 − 5 =	41	12
2	69 − 3 =	42	10
3	57 − 2 =	43	7
4	68 − 4 =	44	2
5	59 − 5 =	52	1
6	47 − 6 =	53	4
7	46 − 2 =	54	3
8	69 − 6 =	55	9
9	47 − 5 =	63	5
10	59 − 7 =	64	8
11	55 − 2 =	65	6
12	68 − 3 =	66	11

1	99 − 6 =	73	10
2	87 − 5 =	74	12
3	98 − 7 =	75	1
4	88 − 3 =	76	8
5	97 − 3 =	82	2
6	76 − 1 =	83	6
7	78 − 5 =	84	9
8	79 − 3 =	85	4
9	87 − 4 =	91	5
10	89 − 5 =	92	7
11	77 − 3 =	93	3
12	98 − 6 =	94	11

1	59 − 2 =	11	1
2	38 − 3 =	16	8
3	76 − 4 =	17	6
4	58 − 7 =	35	12
5	19 − 8 =	36	4
6	79 − 6 =	37	3
7	37 − 1 =	51	10
8	19 − 2 =	56	2
9	59 − 3 =	57	9
10	39 − 2 =	71	11
11	19 − 3 =	72	7
12	77 − 6 =	73	5

Viele Zahlen

1	68 − 4 − 4 − 4 − 3 − 3 − 3 =	42	4
2	69 − 4 − 3 − 2 − 4 − 3 − 2 =	43	9
3	67 − 5 − 2 − 3 − 2 − 3 − 2 =	44	10
4	66 − 2 − 2 − 2 − 2 − 2 − 2 =	45	6
5	65 − 4 − 1 − 4 − 4 − 2 − 4 =	46	5
6	64 − 4 − 4 − 4 − 2 − 4 − 4 =	47	8
7	63 − 2 − 1 − 3 − 3 − 4 − 1 =	48	12
8	64 − 4 − 3 − 4 − 3 − 4 − 3 =	49	1
9	65 − 1 − 4 − 2 − 4 − 4 − 2 =	50	11
10	66 − 3 − 3 − 1 − 2 − 3 − 2 =	51	3
11	67 − 4 − 3 − 5 − 5 − 3 − 2 =	52	2
12	68 − 5 − 3 − 5 − 5 − 5 − 1 =	54	7

1	53 − 3 − 4 − 6 − 4 − 2 − 4 =	21	1
2	58 − 2 − 4 − 2 − 4 − 2 − 4 =	22	2
3	62 − 2 − 6 − 3 − 1 − 5 − 3 =	23	3
4	68 − 3 − 3 − 2 − 6 − 4 − 6 =	25	5
5	59 − 4 − 5 − 6 − 4 − 3 − 2 =	30	11
6	57 − 3 − 4 − 5 − 5 − 6 − 3 =	31	8
7	56 − 4 − 2 − 3 − 3 − 4 − 7 =	32	9
8	49 − 6 − 3 − 6 − 4 − 6 − 3 =	33	6
9	48 − 2 − 3 − 3 − 2 − 3 − 3 =	35	4
10	50 − 5 − 5 − 7 − 3 − 4 − 1 =	40	7
11	51 − 1 − 7 − 3 − 4 − 6 − 7 =	42	10
12	47 − 5 − 2 − 6 − 4 − 6 − 2 =	44	12

Lange Aufgaben

1	69 − 3 − 4 − 2 − 5 − 3 − 1 =	16	9
2	85 − 4 − 1 − 2 − 4 − 4 − 6 =	23	3
3	93 − 3 − 7 − 1 − 2 − 6 − 2 =	24	12
4	78 − 5 − 3 − 3 − 5 − 2 − 8 =	30	2
5	55 − 2 − 3 − 9 − 1 − 8 − 2 =	40	7
6	37 − 3 − 4 − 3 − 2 − 5 − 4 =	42	4
7	49 − 3 − 3 − 3 − 8 − 2 − 6 =	51	11
8	67 − 7 − 2 − 5 − 3 − 7 − 1 =	52	6
9	83 − 3 − 6 − 2 − 2 − 7 − 2 =	53	5
10	76 − 2 − 4 − 8 − 2 − 3 − 4 =	61	1
11	65 − 3 − 2 − 7 − 3 − 9 − 1 =	64	10
12	50 − 7 − 3 − 6 − 1 − 3 − 7 =	72	8

1	49 − 6 − 3 − 5 − 5 − 4 − 2 =	23	2
2	64 − 2 − 2 − 7 − 3 − 3 − 4 =	24	1
3	85 − 5 − 4 − 2 − 4 − 3 − 5 =	25	11
4	53 − 3 − 6 − 4 − 8 − 2 − 7 =	33	7
5	89 − 4 − 2 − 3 − 2 − 6 − 2 =	41	3
6	68 − 3 − 5 − 2 − 6 − 2 − 9 =	43	4
7	94 − 4 − 6 − 1 − 3 − 4 − 3 =	54	9
8	79 − 5 − 4 − 2 − 5 − 3 − 4 =	56	10
9	88 − 4 − 4 − 2 − 8 − 9 − 1 =	60	5
10	57 − 2 − 5 − 3 − 7 − 1 − 6 =	62	6
11	39 − 2 − 3 − 1 − 3 − 2 − 3 =	70	12
12	76 − 3 − 3 − 4 − 6 − 2 − 4 =	73	8

Wie viele Schritte gehst du?

1	von 92 nach 98	0	2
2	von 32 nach 40	1	9
3	von 70 nach 50	2	8
4	von 62 nach 69	3	12
5	von 30 nach 21	4	11
6	von 60 nach 60	5	3
7	von 84 nach 81	6	5
8	von 40 nach 30	7	6
9	von 12 nach 17	8	1
10	von 77 nach 73	9	10
11	von 54 nach 55	10	7
12	von 50 nach 48	20	4

1	von 20 nach 70	0	12
2	von 48 nach 43	1	2
3	von 72 nach 80	2	11
4	von 59 nach 58	3	1
5	von 40 nach 70	4	8
6	von 27 nach 27	5	5
7	von 38 nach 34	6	6
8	von 80 nach 78	7	3
9	von 60 nach 20	8	10
10	von 66 nach 69	30	4
11	von 92 nach 99	40	9
12	von 79 nach 73	50	7

Aufpassen!

1	36 + 3 − 4 + 5 + 6 − 2 =	6	9
2	15 − 3 + 8 + 40 + 8 − 5 =	10	7
3	100 − 30 − 6 + 2 + 4 − 8 =	16	4
4	15 + 3 − 6 + 2 − 4 − 4 =	23	6
5	100 − 40 + 30 − 10 + 20 − 50 =	40	1
6	53 + 6 + 1 + 8 + 2 − 30 =	44	10
7	88 − 5 + 6 − 7 + 8 + 3 =	50	11
8	12 + 6 − 7 + 9 + 50 + 4 =	51	12
9	39 − 9 + 60 − 70 + 9 − 6 =	62	5
10	45 + 3 − 8 − 20 − 8 + 4 =	63	2
11	68 − 5 + 7 − 6 − 4 − 9 =	74	8
12	55 − 3 + 6 + 2 − 30 − 20 =	93	3

Weißt du das?

1	Das Doppelte von 5 =	0	8
2	Das Doppelte von 20 =	2	12
3	Das Doppelte von 3 =	4	11
4	Das Doppelte von 40 =	6	4
5	Das Doppelte von 6 =	8	7
6	Das Doppelte von 50 =	10	2
7	Das Doppelte von 4 =	12	10
8	Das Doppelte von 1 =	20	9
9	Das Doppelte von 30 =	40	6
10	Das Doppelte von 0 =	60	3
11	Das Doppelte von 10 =	80	1
12	Das Doppelte von 2 =	100	5

1	Die Hälfte von 80 =	1	2
2	Die Hälfte von 20 =	2	1
3	Die Hälfte von 100 =	3	11
4	Die Hälfte von 6 =	4	5
5	Die Hälfte von 10 =	5	4
6	Die Hälfte von 60 =	6	6
7	Die Hälfte von 8 =	8	3
8	Die Hälfte von 2 =	10	8
9	Die Hälfte von 40 =	20	9
10	Die Hälfte von 12 =	30	7
11	Die Hälfte von 16 =	40	12
12	Die Hälfte von 4 =	50	10

Es geht über den Zehner

1	65 + 9 =	41	5
2	48 + 9 =	43	6
3	83 + 9 =	53	4
4	63 + 9 =	55	1
5	68 + 9 =	57	11
6	86 + 9 =	64	7
7	44 + 9 =	72	10
8	32 + 9 =	74	9
9	55 + 9 =	77	2
10	87 + 9 =	92	8
11	46 + 9 =	95	12
12	34 + 9 =	96	3

1	54 + 7 =	53	7
2	89 + 7 =	54	1
3	46 + 7 =	55	10
4	68 + 7 =	61	12
5	47 + 7 =	62	2
6	75 + 7 =	63	5
7	56 + 7 =	66	9
8	48 + 7 =	74	6
9	69 + 7 =	75	11
10	67 + 7 =	76	8
11	55 + 7 =	82	3
12	59 + 7 =	96	4

1	38 + 6 =	42	7
2	59 + 6 =	43	10
3	47 + 6 =	44	8
4	49 + 6 =	45	2
5	58 + 6 =	52	12
6	57 + 6 =	53	11
7	36 + 6 =	54	6
8	56 + 6 =	55	1
9	48 + 6 =	62	9
10	39 + 6 =	63	4
11	46 + 6 =	64	5
12	37 + 6 =	65	3

1	35 + 8 =	21	8
2	37 + 8 =	23	12
3	26 + 8 =	26	2
4	24 + 8 =	27	5
5	36 + 8 =	31	9
6	13 + 8 =	32	6
7	15 + 8 =	34	10
8	34 + 8 =	36	3
9	23 + 8 =	42	7
10	19 + 8 =	43	11
11	28 + 8 =	44	4
12	18 + 8 =	45	1

Es geht über den Zehner

1	56 + 5 =	51	7
2	68 + 5 =	52	10
3	58 + 4 =	53	4
4	58 + 5 =	54	9
5	49 + 5 =	61	2
6	69 + 3 =	62	3
7	48 + 3 =	63	1
8	69 + 5 =	64	8
9	49 + 4 =	71	11
10	59 + 5 =	72	5
11	47 + 5 =	73	6
12	67 + 4 =	74	12

1	35 + 9 =	35	5
2	38 + 9 =	38	11
3	39 + 6 =	41	8
4	39 + 9 =	42	1
5	36 + 7 =	43	6
6	37 + 4 =	44	10
7	38 + 8 =	45	12
8	37 + 5 =	46	3
9	29 + 9 =	47	7
10	46 + 8 =	48	9
11	28 + 7 =	51	2
12	44 + 7 =	54	4

1	68 + 5 =	61	10
2	69 + 9 =	62	4
3	67 + 8 =	63	2
4	69 + 2 =	64	1
5	66 + 6 =	65	5
6	67 + 7 =	66	6
7	55 + 9 =	71	7
8	58 + 8 =	72	3
9	54 + 7 =	73	8
10	57 + 6 =	74	11
11	58 + 4 =	75	9
12	58 + 7 =	78	12

1	79 + 7 =	82	1
2	78 + 6 =	83	5
3	79 + 8 =	84	8
4	76 + 9 =	85	4
5	78 + 5 =	86	3
6	76 + 6 =	87	11
7	89 + 9 =	93	7
8	88 + 8 =	94	6
9	87 + 7 =	95	12
10	89 + 8 =	96	2
11	89 + 6 =	97	9
12	88 + 5 =	98	10

Weißt du die Antwort?

1	55 + 8 + 9 + 9 =	62	10
2	48 + 9 + 9 + 9 =	63	7
3	67 + 9 + 8 + 8 =	71	4
4	47 + 8 + 8 + 8 =	72	12
5	57 + 9 + 8 + 9 =	73	9
6	68 + 9 + 9 + 9 =	75	11
7	39 + 6 + 8 + 9 =	81	3
8	59 + 7 + 8 + 8 =	82	5
9	67 + 9 + 7 + 8 =	83	2
10	49 + 8 + 9 + 7 =	91	1
11	39 + 9 + 8 + 7 =	92	8
12	47 + 8 + 8 + 9 =	95	6

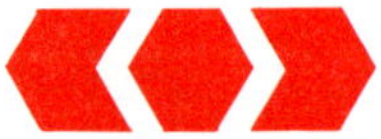

1	39 + 9 + 9 + 9 =	51	12
2	48 + 8 + 8 + 8 =	52	3
3	49 + 9 + 8 + 7 =	53	2
4	39 + 9 + 8 + 7 =	54	6
5	38 + 7 + 8 + 9 =	56	4
6	49 + 6 + 9 + 7 =	62	5
7	29 + 9 + 9 + 9 =	63	10
8	29 + 8 + 8 + 8 =	64	7
9	29 + 9 + 8 + 8 =	66	9
10	28 + 8 + 8 + 8 =	71	1
11	28 + 7 + 9 + 7 =	72	8
12	39 + 8 + 8 + 9 =	73	11

Welche Zahl gehört in das freie Karo?

1	32 + ☐ = 41	2	7
2	56 + ☐ = 61	3	11
3	74 + ☐ = 81	4	3
4	85 + ☐ = 91	5	9
5	69 + ☐ = 71	6	5
6	43 + ☐ = 51	7	1
7	28 + ☐ = 31	8	10
8	17 + ☐ = 21	9	6
9	10 + ☐ = 90	30	12
10	40 + ☐ = 70	50	4
11	20 + ☐ = 90	70	8
12	30 + ☐ = 80	80	2

1	88 + ☐ = 93	2	7
2	65 + ☐ = 73	3	4
3	46 + ☐ = 53	4	1
4	29 + ☐ = 31	5	8
5	73 + ☐ = 82	6	9
6	59 + ☐ = 62	7	11
7	38 + ☐ = 42	8	3
8	17 + ☐ = 23	9	5
9	20 + ☐ = 80	20	10
10	20 + ☐ = 90	40	6
11	20 + ☐ = 60	60	12
12	20 + ☐ = 40	70	2

1	44 + 9 + 9 + 9 = ☐	2	3
2	54 + 9 + 9 + 9 = ☐	3	8
3	48 + 7 + 8 + 9 = ☐	4	11
4	37 + 9 + 8 + 8 = ☐	5	12
5	66 + 9 + ☐ = 83	6	9
6	79 + 6 + ☐ = 92	7	2
7	27 + 9 + ☐ = 41	8	4
8	34 + 8 + ☐ = 51	9	7
9	59 + 9 + ☐ = 74	62	6
10	49 + 9 + ☐ = 62	71	5
11	65 + 4 + ☐ = 71	72	10
12	82 + 7 + ☐ = 92	81	1

Zurück auch über den Zehner

1	25 – 9 =	13	9
2	48 – 9 =	15	2
3	62 – 9 =	16	12
4	36 – 9 =	22	10
5	38 – 9 =	27	5
6	66 – 9 =	29	1
7	63 – 9 =	34	6
8	22 – 9 =	36	8
9	24 – 9 =	39	3
10	43 – 9 =	53	7
11	45 – 9 =	54	11
12	31 – 9 =	57	4

1	56 – 7 =	35	3
2	52 – 7 =	36	10
3	63 – 7 =	37	6
4	61 – 7 =	39	7
5	55 – 7 =	44	4
6	43 – 7 =	45	9
7	46 – 7 =	47	12
8	42 – 7 =	48	11
9	44 – 7 =	49	2
10	62 – 7 =	54	1
11	54 – 7 =	55	8
12	51 – 7 =	56	5

1	83 – 6 =	65	12
2	81 – 6 =	66	11
3	94 – 6 =	67	7
4	92 – 6 =	68	2
5	93 – 6 =	69	4
6	74 – 6 =	75	1
7	71 – 6 =	77	5
8	73 – 6 =	79	8
9	75 – 6 =	85	10
10	72 – 6 =	86	6
11	91 – 6 =	87	9
12	85 – 6 =	88	3

1	45 – 8 =	23	4
2	43 – 8 =	25	7
3	36 – 8 =	26	8
4	34 – 8 =	27	12
5	42 – 8 =	28	9
6	47 – 8 =	33	2
7	41 – 8 =	34	3
8	44 – 8 =	35	11
9	46 – 8 =	36	5
10	33 – 8 =	37	1
11	31 – 8 =	38	10
12	35 – 8 =	39	6

Übung macht den Meister!

1	52 − 5 =	37	2
2	54 − 5 =	38	4
3	51 − 5 =	39	12
4	53 − 5 =	46	6
5	43 − 4 =	47	9
6	41 − 4 =	48	10
7	42 − 4 =	49	1
8	72 − 3 =	56	11
9	71 − 3 =	57	8
10	63 − 5 =	58	3
11	61 − 5 =	68	5
12	62 − 5 =	69	7

1	61 − 9 =	33	1
2	62 − 8 =	35	7
3	63 − 7 =	38	6
4	64 − 6 =	52	3
5	61 − 4 =	53	12
6	62 − 9 =	54	5
7	68 − 9 =	55	11
8	62 − 7 =	56	2
9	43 − 8 =	57	8
10	72 − 6 =	58	4
11	42 − 9 =	59	10
12	46 − 8 =	66	9

1	85 − 6 =	64	8
2	96 − 8 =	65	5
3	72 − 7 =	66	1
4	92 − 9 =	69	10
5	94 − 7 =	72	12
6	72 − 3 =	73	4
7	71 − 5 =	76	3
8	83 − 7 =	79	2
9	81 − 9 =	83	7
10	73 − 9 =	87	11
11	95 − 6 =	88	9
12	81 − 8 =	89	6

1	51 − 6 =	25	10
2	33 − 8 =	26	5
3	42 − 7 =	27	7
4	44 − 5 =	28	4
5	43 − 9 =	33	3
6	53 − 4 =	34	12
7	55 − 7 =	35	6
8	31 − 3 =	39	2
9	34 − 8 =	43	11
10	32 − 5 =	45	1
11	51 − 8 =	48	8
12	42 − 9 =	49	9

Wie viel bleibt übrig?

1	63 − 8 − 7 =	46	10
2	71 − 9 − 6 =	47	11
3	65 − 7 − 9 =	48	12
4	72 − 5 − 8 =	49	7
5	81 − 3 − 9 =	54	9
6	82 − 6 − 8 =	55	8
7	61 − 7 − 7 =	56	4
8	62 − 7 − 9 =	57	6
9	73 − 6 − 9 =	58	2
10	74 − 9 − 8 =	59	5
11	72 − 8 − 9 =	68	3
12	72 − 9 − 9 =	69	1

1	63 − 9 − 9 − 9 =	24	6
2	62 − 8 − 8 − 8 =	25	5
3	61 − 9 − 9 − 9 =	26	11
4	53 − 8 − 8 − 8 =	27	3
5	51 − 9 − 9 − 9 =	28	9
6	52 − 8 − 8 − 8 =	29	8
7	62 − 9 − 9 − 9 =	34	12
8	63 − 8 − 8 − 8 =	35	2
9	53 − 9 − 9 − 9 =	36	7
10	61 − 8 − 8 − 8 =	37	1
11	52 − 9 − 9 − 9 =	38	10
12	51 − 8 − 8 − 8 =	39	4

Kannst du das?

1	63 − 7 = □	2	7
2	63 − 9 = □	3	11
3	63 − 6 = □	4	8
4	63 − 8 = □	5	10
5	41 − □ = 36	6	3
6	23 − □ = 14	7	12
7	75 − □ = 68	8	9
8	91 − □ = 89	9	2
9	83 − □ = 77	54	1
10	62 − □ = 59	55	6
11	54 − □ = 46	56	5
12	73 − □ = 69	57	4

1	29 + 8 =	34	11
2	54 − 8 =	35	9
3	37 + 6 =	36	8
4	44 − 6 =	37	6
5	34 + 7 =	38	5
6	52 − 7 =	39	12
7	25 + 9 =	41	7
8	53 − 9 =	42	2
9	38 + 4 =	43	1
10	43 − 4 =	44	10
11	28 + 8 =	45	3
12	43 − 8 =	46	4

1	61 − 9 − 9 − 9 =	3	9
2	65 − 9 − 9 − 9 =	4	2
3	61 − 9 − 6 − 9 =	5	11
4	63 − 8 − 8 − 8 =	6	8
5	61 − 8 − 8 − 9 =	7	1
6	51 − 9 − □ = 36	8	5
7	62 − 4 − □ = 49	9	10
8	41 − 7 − □ = 27	34	3
9	83 − 9 − □ = 69	36	6
10	71 − 9 − □ = 59	37	12
11	92 − 7 − □ = 77	38	7
12	42 − 9 − □ = 29	39	4

1	52 + 9 =	26	8
2	54 − 9 =	35	7
3	65 + 6 =	42	11
4	65 − 6 =	45	2
5	72 + 9 =	48	12
6	72 − 9 =	51	9
7	34 + 8 =	59	5
8	34 − 8 =	61	6
9	55 + 7 =	62	3
10	55 − 7 =	63	1
11	43 + 8 =	71	4
12	43 − 8 =	81	10

Zähle zusammen!

1	50 + 21 =	44	7
2	40 + 33 =	45	8
3	50 + 37 =	46	6
4	20 + 24 =	58	9
5	30 + 44 =	59	5
6	10 + 49 =	71	2
7	20 + 66 =	72	11
8	20 + 26 =	73	12
9	60 + 25 =	74	10
10	10 + 35 =	85	3
11	20 + 38 =	86	1
12	40 + 32 =	87	4

1	30 + 38 =	27	9
2	60 + 38 =	37	7
3	20 + 49 =	47	10
4	50 + 49 =	57	1
5	50 + 47 =	67	2
6	20 + 37 =	68	4
7	10 + 17 =	69	11
8	40 + 27 =	77	12
9	20 + 67 =	87	6
10	10 + 37 =	97	5
11	20 + 57 =	98	8
12	20 + 17 =	99	3

1	15 + 50 =	45	9
2	26 + 70 =	46	11
3	36 + 40 =	55	10
4	55 + 30 =	56	8
5	15 + 30 =	65	1
6	25 + 70 =	66	12
7	36 + 20 =	75	7
8	16 + 30 =	76	3
9	46 + 40 =	85	2
10	25 + 50 =	86	4
11	35 + 20 =	95	6
12	16 + 50 =	96	5

1	53 + 30 =	61	10
2	65 + 30 =	62	11
3	44 + 30 =	63	2
4	11 + 50 =	72	5
5	46 + 50 =	73	8
6	23 + 50 =	74	6
7	24 + 70 =	83	9
8	15 + 70 =	84	3
9	22 + 40 =	85	7
10	44 + 40 =	94	4
11	32 + 40 =	95	1
12	23 + 40 =	96	12

Zieh die Zehner ab!

1	95 − 40 =	12	9
2	85 − 60 =	15	11
3	95 − 20 =	22	8
4	82 − 40 =	25	5
5	72 − 50 =	32	12
6	62 − 30 =	35	1
7	95 − 10 =	42	4
8	85 − 70 =	45	7
9	75 − 30 =	55	3
10	92 − 80 =	65	6
11	85 − 50 =	75	2
12	95 − 30 =	85	10

1	83 − 60 =	12	5
2	73 − 20 =	13	3
3	93 − 10 =	21	7
4	63 − 30 =	22	1
5	93 − 30 =	23	11
6	83 − 70 =	24	9
7	93 − 50 =	33	12
8	83 − 10 =	43	6
9	81 − 60 =	53	4
10	72 − 60 =	63	2
11	92 − 70 =	73	10
12	54 − 30 =	83	8

1	85 − 30 =	11	6
2	95 − 50 =	22	3
3	77 − 10 =	33	9
4	97 − 20 =	44	1
5	98 − 10 =	45	4
6	72 − 50 =	55	8
7	74 − 30 =	56	2
8	86 − 20 =	66	10
9	98 − 20 =	67	11
10	86 − 30 =	77	7
11	91 − 80 =	78	12
12	73 − 40 =	88	5

1	97 − 50 =	17	6
2	87 − 20 =	18	10
3	88 − 30 =	27	8
4	78 − 30 =	28	4
5	67 − 10 =	37	1
6	88 − 20 =	38	11
7	97 − 80 =	47	5
8	87 − 50 =	48	12
9	68 − 40 =	57	9
10	98 − 60 =	58	3
11	88 − 70 =	67	7
12	77 − 50 =	68	2

Wir nehmen Zehner und Einer weg

1	70 – 34 =	31	6
2	70 – 32 =	32	3
3	70 – 36 =	33	9
4	80 – 35 =	34	4
5	80 – 37 =	35	7
6	90 – 59 =	36	1
7	60 – 16 =	37	12
8	80 – 41 =	38	5
9	90 – 58 =	39	11
10	50 – 15 =	43	10
11	60 – 27 =	44	8
12	70 – 33 =	45	2

1	90 – 66 =	21	12
2	50 – 22 =	22	1
3	70 – 44 =	23	6
4	80 – 55 =	24	10
5	60 – 33 =	25	9
6	50 – 11 =	26	11
7	90 – 47 =	27	5
8	70 – 29 =	28	8
9	60 – 39 =	39	7
10	90 – 48 =	41	2
11	70 – 47 =	42	4
12	90 – 68 =	43	3

1	80 – 61 =	11	7
2	70 – 55 =	12	1
3	60 – 21 =	13	10
4	50 – 34 =	14	12
5	40 – 22 =	15	5
6	90 – 76 =	16	3
7	80 – 51 =	17	6
8	90 – 41 =	18	8
9	70 – 59 =	19	4
10	60 – 47 =	29	9
11	50 – 38 =	39	2
12	40 – 23 =	49	11

1	90 – 41 =	46	11
2	80 – 21 =	47	6
3	90 – 21 =	48	10
4	90 – 22 =	49	12
5	90 – 32 =	56	2
6	90 – 42 =	57	4
7	80 – 34 =	58	1
8	90 – 23 =	59	9
9	80 – 24 =	66	8
10	70 – 23 =	67	3
11	80 – 14 =	68	5
12	70 – 13 =	69	7

Wie schnell schaffst du eine Reihe?

1	100 − 48 =	32	11
2	100 − 66 =	34	3
3	100 − 27 =	41	12
4	100 − 39 =	43	10
5	100 − 59 =	44	2
6	100 − 37 =	51	5
7	100 − 56 =	52	1
8	100 − 38 =	54	7
9	100 − 68 =	61	8
10	100 − 46 =	62	9
11	100 − 49 =	63	4
12	100 − 57 =	73	6

1	100 − 22 =	36	8
2	100 − 44 =	37	2
3	100 − 33 =	46	3
4	100 − 11 =	56	7
5	100 − 54 =	58	5
6	100 − 64 =	59	1
7	100 − 34 =	66	6
8	100 − 41 =	67	9
9	100 − 32 =	68	10
10	100 − 42 =	77	4
11	100 − 23 =	78	11
12	100 − 63 =	89	12

1	20 + 58 =	32	11
2	80 − 43 =	36	5
3	30 + 56 =	37	12
4	90 − 34 =	46	6
5	40 + 37 =	48	10
6	50 − 18 =	55	8
7	60 + 36 =	56	3
8	70 − 24 =	77	1
9	30 + 25 =	78	4
10	80 − 32 =	86	7
11	40 + 47 =	87	2
12	60 − 24 =	96	9

1	36 + 50 =	41	12
2	60 − 18 =	42	9
3	86 − 30 =	47	10
4	40 + 38 =	52	8
5	24 + 60 =	54	3
6	90 − 43 =	56	1
7	99 − 20 =	73	4
8	20 + 34 =	78	11
9	22 + 30 =	79	5
10	70 − 29 =	83	2
11	93 − 10 =	84	7
12	20 + 53 =	86	6

Diese Aufgaben sind noch nicht fertig

1	20 + □ = 96	14	10
2	10 + □ = 52	16	4
3	50 + □ = 98	38	8
4	30 + □ = 84	39	6
5	10 + □ = 88	42	12
6	20 + □ = 64	44	5
7	40 + □ = 98	48	3
8	60 + □ = 99	54	7
9	70 + □ = 86	56	11
10	50 + □ = 88	58	1
11	40 + □ = 54	76	2
12	30 + □ = 86	78	9

1	36 + □ = 80	22	4
2	13 + □ = 90	24	8
3	25 + □ = 80	27	1
4	78 + □ = 100	31	2
5	24 + □ = 90	36	5
6	39 + □ = 70	44	3
7	46 + □ = 100	48	11
8	33 + □ = 60	51	9
9	54 + □ = 90	54	10
10	29 + □ = 80	55	12
11	12 + □ = 60	66	6
12	46 + □ = 70	77	7

1	78 − □ = 20	42	11
2	86 − □ = 40	44	4
3	94 − □ = 30	46	6
4	82 − □ = 10	48	5
5	96 − □ = 40	54	3
6	68 − □ = 20	56	7
7	74 − □ = 30	58	9
8	94 − □ = 20	64	1
9	86 − □ = 20	66	2
10	94 − □ = 40	68	8
11	98 − □ = 30	72	10
12	72 − □ = 30	74	12

1	100 − □ = 36	37	1
2	90 − □ = 18	38	11
3	70 − □ = 23	39	9
4	80 − □ = 22	44	7
5	90 − □ = 16	46	4
6	70 − □ = 31	47	2
7	100 − □ = 18	54	3
8	90 − □ = 44	58	6
9	60 − □ = 23	64	5
10	50 − □ = 12	72	10
11	70 − □ = 26	74	8
12	100 − □ = 46	82	12

Zusammenzählen

1	24 + 43 =	38	10
2	38 + 51 =	47	3
3	16 + 32 =	48	6
4	43 + 34 =	58	2
5	52 + 45 =	59	4
6	21 + 17 =	66	5
7	33 + 25 =	67	1
8	15 + 32 =	77	8
9	22 + 56 =	78	11
10	33 + 62 =	89	9
11	14 + 52 =	95	7
12	23 + 36 =	97	12

1	35 + 53 =	22	2
2	24 + 42 =	33	1
3	18 + 81 =	44	9
4	43 + 34 =	55	5
5	13 + 31 =	66	8
6	12 + 21 =	69	10
7	41 + 14 =	77	11
8	11 + 11 =	78	12
9	35 + 63 =	86	7
10	42 + 36 =	88	6
11	23 + 46 =	98	4
12	54 + 32 =	99	3

1	34 + 53 =	47	4
2	23 + 46 =	49	9
3	12 + 35 =	67	11
4	51 + 42 =	68	3
5	32 + 46 =	69	12
6	43 + 24 =	77	5
7	13 + 76 =	78	10
8	21 + 58 =	79	6
9	45 + 23 =	87	8
10	52 + 36 =	88	2
11	14 + 35 =	89	1
12	23 + 54 =	93	7

1	28 + 61 =	58	5
2	37 + 22 =	59	7
3	46 + 53 =	76	8
4	55 + 32 =	77	3
5	64 + 21 =	78	1
6	73 + 24 =	79	11
7	82 + 13 =	85	6
8	13 + 65 =	87	10
9	24 + 34 =	89	9
10	35 + 42 =	95	4
11	46 + 33 =	97	2
12	25 + 51 =	99	12

Abziehen

1	98 − 45 =	12	5
2	89 − 54 =	16	8
3	77 − 26 =	22	3
4	68 − 46 =	24	11
5	56 − 24 =	31	12
6	49 − 37 =	32	7
7	94 − 23 =	35	6
8	95 − 64 =	44	2
9	96 − 52 =	51	1
10	97 − 43 =	53	4
11	98 − 82 =	54	10
12	99 − 75 =	71	9

1	89 − 53 =	11	11
2	88 − 25 =	12	8
3	87 − 42 =	22	5
4	86 − 64 =	23	9
5	85 − 31 =	36	12
6	84 − 13 =	37	2
7	83 − 72 =	41	6
8	68 − 45 =	45	7
9	79 − 42 =	53	10
10	58 − 17 =	54	1
11	65 − 53 =	63	3
12	78 − 25 =	71	4

1	75 − 12 =	25	3
2	68 − 35 =	26	10
3	86 − 52 =	31	5
4	98 − 27 =	33	9
5	96 − 45 =	34	6
6	88 − 62 =	41	7
7	76 − 23 =	51	12
8	69 − 44 =	52	4
9	58 − 27 =	53	8
10	59 − 18 =	61	11
11	84 − 23 =	63	1
12	95 − 43 =	71	2

1	99 − 53 =	14	8
2	69 − 37 =	16	4
3	89 − 31 =	23	2
4	79 − 15 =	26	12
5	98 − 23 =	32	1
6	78 − 64 =	42	5
7	68 − 42 =	46	11
8	88 − 34 =	54	7
9	97 − 24 =	58	9
10	77 − 35 =	64	6
11	67 − 51 =	73	10
12	87 − 64 =	75	3

Zusammenzählen und Abziehen

1	25 + 43 =	22	8
2	57 − 12 =	25	6
3	32 + 54 =	45	11
4	54 − 32 =	46	1
5	12 + 57 =	54	12
6	99 − 45 =	58	4
7	45 + 32 =	64	5
8	86 − 22 =	68	7
9	23 + 35 =	69	9
10	69 − 23 =	77	2
11	34 + 53 =	86	3
12	76 − 51 =	87	10

1	98 − 25 =	21	6
2	43 + 54 =	23	12
3	89 − 52 =	34	10
4	34 + 45 =	37	11
5	78 − 16 =	56	9
6	61 + 28 =	59	2
7	99 − 65 =	62	5
8	13 + 46 =	73	3
9	88 − 67 =	76	7
10	24 + 32 =	79	4
11	79 − 56 =	89	1
12	34 + 42 =	97	8

1	25 + □ = 76	22	2
2	42 + □ = 85	24	12
3	14 + □ = 89	32	9
4	36 + □ = 98	33	7
5	53 + □ = 75	35	10
6	24 + □ = 88	42	5
7	45 + □ = 77	43	11
8	16 + □ = 58	51	4
9	32 + □ = 86	54	1
10	54 + □ = 89	62	3
11	23 + □ = 56	64	6
12	45 + □ = 69	75	8

1	99 − □ = 45	23	5
2	89 − □ = 17	25	6
3	79 − □ = 23	32	7
4	69 − □ = 21	36	9
5	98 − □ = 35	44	1
6	88 − □ = 42	46	4
7	78 − □ = 53	48	12
8	68 − □ = 32	54	11
9	57 − □ = 25	56	8
10	66 − □ = 43	62	10
11	75 − □ = 31	63	2
12	86 − □ = 24	72	3

Kannst du das?

1	Das Doppelte von 25 =	26	8
2	Das Doppelte von 43 =	30	4
3	Das Doppelte von 32 =	44	11
4	Das Doppelte von 24 =	46	6
5	Das Doppelte von 45 =	48	5
6	Das Doppelte von 33 =	50	12
7	Das Doppelte von 22 =	64	3
8	Das Doppelte von 13 =	66	7
9	Das Doppelte von 15 =	70	1
10	Das Doppelte von 23 =	84	10
11	Das Doppelte von 42 =	86	2
12	Das Doppelte von 35 =	90	9

1	Die Hälfte von 68 =	12	4
2	Die Hälfte von 82 =	13	12
3	Die Hälfte von 46 =	14	9
4	Die Hälfte von 28 =	21	11
5	Die Hälfte von 64 =	22	6
6	Die Hälfte von 26 =	23	2
7	Die Hälfte von 88 =	32	8
8	Die Hälfte von 42 =	33	1
9	Die Hälfte von 86 =	34	10
10	Die Hälfte von 24 =	41	5
11	Die Hälfte von 66 =	43	7
12	Die Hälfte von 44 =	44	3